AF277328

Poemas al viento

Vicente Morera Romaguera

Poemas al viento

© Del texto: Vicente Morera Romaguera
© Del diseño de cubierta: Vicente Morera Romaguera
© De esta edición: NPQ Editores 2026
www.npqeditores.com

Primera edición: marzo, 2026

Impreso en España

PEFC

Los papeles que usamos son ecológicos, libres de cloro y proceden de bosques gestionados de manera eficiente.

ISBN: 978-84-19924-95-7
Depósito legal: V-1032-2026

Poemas al viento

Vicente Morera Romaguera

NPQ Editores

Mi más sincero agradecimiento a todas estas personas que me han ayudado a conseguir que este, mi sueño, se haga realidad:

Don Francisco Brines
Sra. Carmen Jiménez
Sr. Vicent Pardo
Sr. Enrique Bofí
Sr. Vicente Barreres
Sr. Federico Romaguera
Sra. Vicenta Chova
Sra. Rosa Verdú

Los beneficios de este libro los cedo a la ASOCIACIÓN DE ENFERMOS DE CROHN Y COLITIS ULCEROSA (A.C.C.U.) de Valencia.

En agradecimiento por toda su gran labor de apoyo a todos quienes hemos necesitado cualquier ayuda de su parte, dándoles siempre ánimos para que continúen con su trabajo.

Gracias, presidente don José Ramón García y a toda la junta directiva.

ACCU-VALENCIA
Asociación de Crohn
y Colitis Ulcerosa
Comunidad Valenciana

A don Francisco Brines

Premio Cervantes 2020

Profesor, historiador, escritor y poeta con muchos galardones por su gran legado. Pero lo más importante fue su humildad, amabilidad y su cordialidad, además de ser una gran persona.

En mayo de 2017 me invitó a su casa para que le mostrara mi trabajo acerca de los poemas que tenía escritos y después de leerlos muy atentamente me dio ánimos para que los publicara, quizás fue la chispa para que me decidiera a escribir este libro.

Por ello, gracias don Francisco.

Índice

Prólogo

He de confesar que cuando Vicente Morera me encargó realizar el prólogo de este su primer poemario, sentí una gran responsabilidad sobre mis hombros, a la vez que una gran satisfacción por la confianza que depositaba en mi persona.

La amistad que me une a Vicente se remonta muchos años atrás, pero no supe de su faceta como poeta hasta no hace demasiado tiempo, y esto fortaleció, aún más, esa amistad que nos unía verano tras verano en su tierra y en su mar Mediterráneo.

Y es que la poesía es un mundo íntimo, y son muchos los poetas que escriben en soledad y casi a escondidas hasta que un día deciden compartir sus poemas con el mundo. El gran Pessoa decía que la poesía no era su ambición, sino su manera de estar solo. Y, si bien es cierto que comparto esta reflexión, no es menos cierto que la poesía nace para ser compartida. Y ahí es cuando uno toma conciencia de que una vez que echas a volar tus poemas, dejan de ser tuyos para ser del lector.

Un poema tiene tantas lecturas como lectores. No es una novela que lees de principio a fin, sino que se puede leer y releer, y en cada lectura, dependiendo del estado de ánimo y de las circunstancias, puede provocar muy diversas emociones en cada uno de nosotros. En cualquier caso, este poemario transmite la gran capacidad que tiene el autor para mantener viva la ilusión y la esperanza, a pesar de que no falten motivos para rendirse. Pero Vicente no se rinde, Vicente sigue soñando.

En la primera parte del libro dedicado al amor y al desamor, las dos caras de una misma moneda, Vicente juega con sus sueños, con la ensoñación y la ilusión, que mantiene viva a pesar de saber cómo se desgasta el amor. Así encontramos versos como estos:

> Si la ilusión es un sueño,
> si el sueño es de corazón,
> la fuerza de esa ilusión
> hará realidad tu sueño.

Y también la realidad vivida, la que se recuerda en su esplendor y duele:

> Y herido ya de muerte en la agonía
> con tenebroso final de aquel recuerdo
> en su sepulcro de cedro… yace inerte.

En la parte central del poemario, descubrimos, quizá, la poesía más personal de Vicente. Los valores que han forjado su carácter y su memoria. Poesía que hace referencia a hechos concretos de su existencia, como la escuela, la familia, el amor a su tierra natal, a su fiel compañero Pancho y, en especial, a ese momento donde la vida y la muerte se dan la mano y sale victorioso.

Uno de los poemas más emotivos, de los que más conmueven, es la oda que hace a los Reyes Magos donde ve colmado su sueño.

Es destacable el homenaje a su tierra, Oliva, y también canta a la gran fiesta fallera y la descripción que hace a ese paraíso terrenal en su poema «Oliva es mi paraíso»:

> Con sus montes y sus ríos
> y sus playas naturales,
> contribuyen a crear
> este precioso lugar
> que es mi tierra natal.
> Oliva es mi paraíso.

Y por último nos regala una descripción de paisajes, que solo quienes los han contemplado pueden percibir tanta belleza como Vicente refleja en sus poemas:

Las charcas ya se han secado,
fango y duro agrietado,
espejismo en la llanura,
el polvo rojo de tierra
se levanta en espirales,
las praderas color paja,
brilla el oro en los campos.

Y no puedo acabar este prólogo sin hacer mención al amor que siente por el mar, por la navegación, por ese marinero audaz que bien podría ser él mismo:

Sale de un puerto un marino
con su velero a la mar,
calmada y tranquila está
y navega proa al viento.
Pronto surge un temporal
con viento y olas de frente.

Solo me resta decir que esta ópera prima sea la primera de muchas otras obras que vendrán después.

Carmen Jiménez Díaz

Introducción

La poesía, según mi entender, es la expresión que une las palabras con una rima, transformando la prosa en un conjunto de frases entrelazadas con armonía.

En mis tiempos de niñez me encantaba recitar poesías y mi comienzo fue en el Colegio del Rebollet, donde las hermanas carmelitas me enseñaron a declamar. Quiero agradecer a mi padre todo el empeño que puso en enseñarme a recitar, ya que fue mi mentor y las primeras poesías que recitaba eran suyas propias. También a don Salvador Soler, poeta e historiador de Oliva, que me dio lecciones de declamación, llegando a hacer de Niño Jesús de Praga en el festival del colegio (1964).

Luego, ya de adolescente, durante el bachillerato, que lo estudié en los Escolapios de Gandía, fue donde tuve unos conocimientos más extensos de poesía y literatura.

Aquella semilla de la poesía ha crecido en mí, convirtiéndola en una pasión, cuando escribo una poesía me reconforta y me llena de paz, con un sosiego que crece en mi interior.

La poesía y la prosa poética las considero como un estímulo de nuestras mentes, que consiguen que la imaginación despierte aflorando nuestras emociones.

Siempre he escrito las poesías para mí mismo, porque para mí es una evasión en mis sueños y en mi imaginación, pero esta vez he pensado en compartir este mi pequeño grano de arena con los amantes de la poesía, esperando que consiga también emociones y sueños como en mí mismo.

Dedicatoria

*A mi madre con cariño.
Para Amelia Romaguera, viuda de
Vicente Morera Sendra.
Según la que fue gran periodista
y escritora, Carmen Rico-Godoy:
«Detrás de un gran hombre hay una
gran mujer».*

Para muchos hijos existe una admiración hacia sus padres… Y tanto para mi hermano como para mí, nuestros progenitores han sido un ejemplo a seguir… Por mi padre sentí veneración y admiración; de mi madre quiero destacar su bondad, su templanza, su paciencia, su responsabilidad, su saber estar, recibimos siempre su cariño y comprensión… Una persona cordial, entrañable, querida por todos quienes la conocieron, aparte de ser una maravillosa madre.

Después de su fallecimiento (08-01-2013) un gran vacío quedó en nuestra familia, y aunque tarde, quiero brindarle un homenaje, agradeciéndole todo lo que de ella recibimos, por eso, «Estés donde estés…», decirte: Gracias, mamá.

Me gustaría extender este homenaje en particular a todos los padres y madres que han criado a sus hijos, esforzándose y dedicándoles todo su apoyo, comprensión y cariño, para conseguir lo mejor para ellos.

Arte y poesía

Al adentraros en la lectura de este libro, compro-
bareis que he escrito algunas reseñas que os ayu-
daran a una mejor comprensión de los poemas.

También he querido enlazarlos con algunos
lienzos de grandes pintores, con un afán de
rendir homenaje a sus obras de arte.

LA POESÍA…
ES ARTE,
ES PASIÓN,
ES VIDA
Y, SOBRE TODO…,
¡ES ILUSIÓN!

Los poemas son semillas
que un día alzan el vuelo
con la brisa mañanera
sin conocer un destino
adonde el viento los lleve.

Con suerte encontrarán lugar
donde poder germinar,
enraizando sus pies,
creando una nueva vida.

1.ª parte

Fantasías de amor y desamor

La poesía es una forma poderosa de expresar los complejos sentimientos del amor y del desamor.

Dos palabras que se separan por una sílaba,
se contradicen.
Se oponen como el cielo y el infierno,
como la luz y la oscuridad.
Amor: felicidad, dicha, calidez, luz…
Desamor: tristeza, odio, soledad, oscuridad…

Fantasías de amor

Los días pasan,
pero siempre perduran los bellos recuerdos
en los que tus labios se unían a los míos,
cuando mis manos recorrían tu cuerpo
acariciando tu piel de seda,
cuando nuestros cuerpos se entrelazaban
en un inmenso abrazo.

Todos esos momentos y sensaciones
permanecerán en mí,
hasta el último latido de mi corazón.

El primero beso
William-Adolphe Bouguereau, 1890
Lienzo al óleo, 119x71 cm
Museo de Orsay, París

Amor, amor

El amor es el todo de la existencia,
por amor se nace,
se vive por amor,
se busca el amor,
y cuando se encuentra…
la felicidad te invade,
¡es el amor!

¡¡¡San Valentín !!!

Hay un ambiente en el aire que festeja el amorío,
¡¡¡Viene cargado de Amores… San Valentín ha llegado!!!

Unas velas encendidas, un precioso amanecer,
una mirada a la luna, una luz crepuscular.

Un flechazo inesperado… es la magia del Amor
Que nos incita al Querer, al Deseo, a la Pasión…

Dos miradas que se cruzan, unos ojos que te atraen,
una voz que te susurra, un espontáneo beso…

¡¡¡El Amor nos ha tocado… San Valentín ha llegado!!!
que es el principio de Amar y es la fuerza de la vida.

El 14 de febrero se celebra el Día de San Valentín,

como homenaje al amor…
Pienso que cualquier día puede abrir
la puerta
de un camino que nos guía hacia
el amor.

Si la ilusión es un sueño,
si el sueño es de corazón,
la fuerza de esa ilusión
hará realidad tu sueño.

La ilusión de un sueño

Cuando ya sueñas despierto
con alguien a quien no alcanzas,
en el pensamiento aflora
el sueño de una ilusión.

Sentir esa cercanía,
ver su mirada radiante,
su voz templada que envuelve
una dulzura escondida...

Quizás fue larga la espera...,
pero ya en su cercanía
quedó cual segundo fuese.

La ilusión fue compensada
con su presencia y esencia,
un suspiro de ilusión
que hizo vivir mi sueño.

Rosa de ensueño

En el calor del estío,
con ese sol sofocante
que angosta cualquier cosecha…
En un rosal ya marchito,
surgió una rosa de ensueño…

Cual rosa erguida y preciosa
se percató un colibrí
que pasaba por allí,
le envolvió con su fragancia,
le dio su aroma y aliento.

Pues el colibrí volaba
errante ya y sin destino,
por no encontrar la templanza
que buscaba en flor perdida,
para calmar su agonía.

Aquel pajarillo errante
al llegar a ese rosal
encontró lo que buscaba…
aquella rosa preciosa
que era…
su rosa de ensueño.

A mi amada

Quiero recitarte un poema
que me sale del corazón
y mis labios deletrean
con esta rima de amor.

Eres mi joya preciosa
con tus ojos que encandilan,
con tu precioso cabello
y el perfume de tu piel.

Tu cuerpo proporcionado,
por diez lustros ya ha pasado
sin que el tiempo en ti se aprecie.

Eres mujer trivalente:
cariñosa, enamorada, complaciente.

«Eres ensueño de amor».
«Eres mujer de mil sueños».
«Eres mi amada querida».

Amiga del alma

Amiga del alma eres
de mis sueños e ilusiones,
de castillos en el aire
que yo conspiro contigo.

Amiga del alma eres
en tu cielo me cobijo,
mirando hacia las estrellas
en un espacio infinito.

Amiga del alma eres
cuando siento tu presencia,
sueño despierto en la noche,
pasión de ensueño de día.

Amiga del alma eres
de amor y de fantasías,
en tu abrazo me conforto
y en ti siempre me estremezco.

Mi cielo

Tu mirada me encandila,
tus palabras me emocionan,
tu susurro me apasiona,
tu corazón me enamora,
y en tu amor vivo cautivo.

Tan bonito es ese amor
¡que es luz!,
¡es hermosura!,
¡es… calor apasionado!

¡Quiero ser, pues, tu cautivo!
¡Prisionero de mi cielo!
Y vivir con ese amor
que da armonía a mi vida,
pasión a mi corazón
solo tiene mi cielo.

Pasión de fuego

Amor con frenesí
pasión al atardecer,
sueño en la noche,
ensueño del alba
ilusión de la mañana.

Calor de fuego
sueño de pasión,
¡frenesí!,
¡pasión!
y ¡fuego!

Tres palabras que conjugan
el fuego de la pasión,
que dan ensueño a la vida.

Veinticinco aniversario

Enhorabuena, cariño,
enhorabuena, mi amor,
hoy cumplimos veinticinco
aniversario de casados,
para mí fue como ayer
cuando dijiste:
«Sí, quiero».

Pero ya son veinticinco,
te conocí en mis quince
y ahora en mis cincuenta
sigo igual de enamorado,
por eso quiero volver
a decirte:
«Sí…, te quiero».

Por ti, mi amor, hoy y siempre,
por todo lo que has sufrido,
por todo cuanto he vivido,
por todo lo que me has dado,
por todo cuanto me has amado.
Te amo y te amaré siempre.

Delirio de amor

Eres sol de amanecer
que da luz a mis sentidos,
eres jardín perfumado
que absorbo cuando respiro.

Quiero recibir tus besos
dulces y apasionados,
quiero estremecerme en ti,
susurrándote al oído
mi sentir y mi cariño.

Por eso salen mis versos
del profundo corazón,
y mis labios balbucean
por ser... delirio de amor.

Mi buena samaritana

Quiero beber de tu agua,
de tu cántaro dorado.

¡Calma mi sed insaciable!
Con ese amor verdadero
que llena tu corazón,
dame un poco de ese amor,
dame tu dulce ternura
que despierta la pasión,
ilumina mis sentidos
y acelera el corazón.

Te quiero con gran pasión,
te doy, pues, mi corazón
mi fortaleza y mi vida,
aunque es poco lo que tengo,
todo es tuyo y todo es poco
por recibir tanto amor.

Bello cuerpo

La naturaleza te dio un don,
que es un gran privilegio.

Alma buena, tierno corazón,
una alegría en tus ojos,
estilizada silueta,
¡bello cuerpo!

¡Qué más puedes desear,
si tu físico es perfecto!
Hasta las diosas quisieran para sí,
tu bello cuerpo.

Y de la pasión no hablemos,
eres fuego incandescente,
eres amor con dulzura,
eres brisa que despierta
el deseo y la pasión.

Hasta Afrodita te envidia
por toda tu gran belleza,
reconoce tu ternura
y acoge bien tu hermosura.

Pensar en ti

Es como un dulce susurro del viento
que llega a mí trayéndome tus recuerdos,
tu silueta difuminada en mi mente,
veo tus bellos ojos,
la dulzura de tus labios,
el tacto de tu piel que me emociona.
¡Ay, mis sueños!,
¡vivo en ellos!
¡Sueño…!

Bello amanecer

Al verte en el balcón esta mañana
he visto el amanecer en tu mirada.

Tu silueta esbelta, estilizada,
el viento que ondea tu cabello
sobre tu rostro risueño y escondido.

El resplandor de tu faz, blanca y radiante,
el rojo carmesí de tu pijama
que amaga la hermosura de tu cuerpo.
Precioso amanecer, cual luz del alba
que da rienda suelta a mis sentidos.

Pasión de un recuerdo

Aún recuerdo aquellos besos
dulces y apasionados,
nostalgia de ese pasado
que en mí perdura en el tiempo.

Tu aroma en mí se quedó
cual perfume de azahar,
tu cuerpo vivió en mí
descubriendo tus secretos.

Tus caricias y ternura
las siento y me estremezco,
en mí quedaron marcadas
reflejo de aquel pasado.

Bella historia que se escribe
en un mar de fantasías,
cual bello recuerdo fue
que siempre vive presente.

Vivimos de los recuerdos
de sueños y fantasías,
y por más que pase el tiempo,
en mí... siempre estarán vivos.

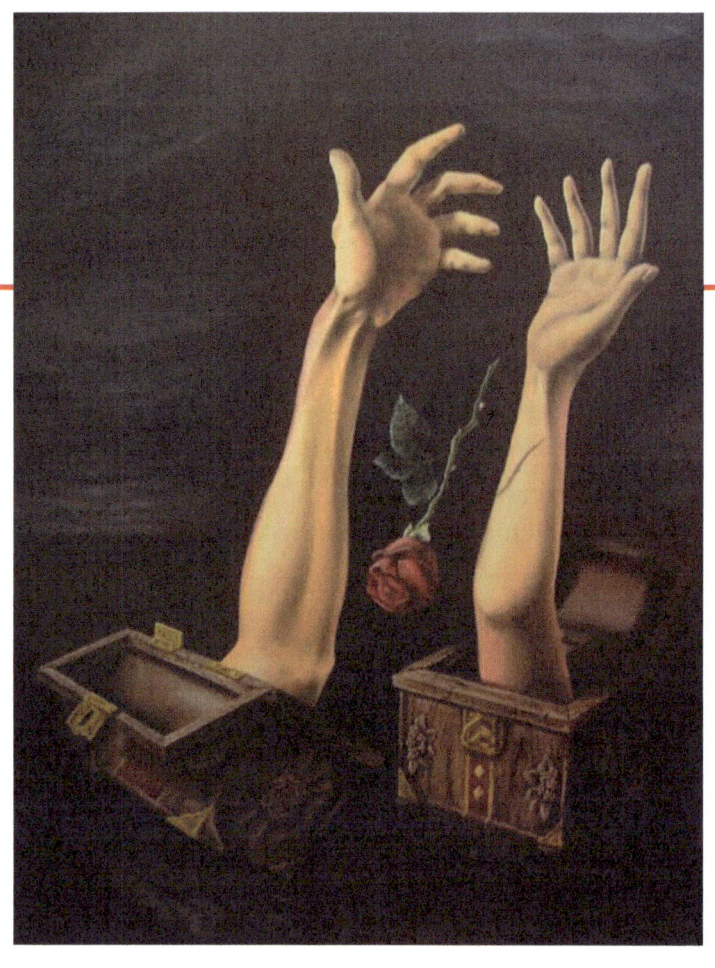

Desamor

El amor que una vez fue fuego ardiente,
ahora es solo ceniza que el viento lleva,
silente.

Cada recuerdo,
una lágrima que el tiempo no borra.
Cada sueño compartido,
una promesa que se rompe.
El adiós que no quería llegar,
ahora se asoma
y en el abismo de la soledad,
mi esperanza se desploma.

En la penumbra de un sueño desvelado,
latidos que se escapan del pasado,
susurros de un querer desesperado,
en versos, un amor inacabado.

Con cada rima, un suspiro contenido,
palabras que no se tiñen en olvido.
En el papel, un sentimiento herido
por un adiós que nunca fue despedido.

Aún resuenan los ecos de la pasión,
en el vacío de mi desolación,
una melodía rota de devoción,
por un amor que perdió su canción.

Desencanto

Tu mirada fue mi luz
Y, en las noches más oscuras,
en ti mis sueños volaron
siendo mi estrella y mi guía.
Fuiste mi amor consentido,
que llenó mi corazón
cuando tu voz con dulzura
susurraba que me amabas.

El amor, un día ardiente,
brillaba con luz propia,
pero hoy perdí tu rastro
cual huella que el viento borra.

Las promesas se rompieron
como frágiles espejos
y en mil pedazos quedaron
llegando solo… ¡silencio!

Quizás fui yo el responsable
por no querer afrontar
que tu dolor yo causé
forzando tu lejanía.
Con lágrimas y sollozos
aquel amor se apagó.
Entre sombras se perdió,
y con frío… el desencanto.

TU ADIOS

un lamento en mí quedó
y un corazón muy dolido
que palpita sin cesar
por ese mi cielo perdido

Tu adiós

Anoche, cuando tú me decías adiós…
mi dolor iba creciendo,
pues no pude comprender
tu indiferencia mostrada.
Solo me queda el recuerdo
de un cielo que conocí,
que desapareció en silencio,
atrás queda la ilusión,
atrás quedó esa dulzura
que me diste a conocer…

Un lamento en mí quedó,
y un corazón muy dolido,
que palpita sin cesar
por ese mi cielo perdido…

Solo te deseo a ti
mucha felicidad,
y encuentra tu propio cielo,
que el mío… ya lo perdí.

Se perdió el amor

El amor se perdió en un gris atardecer
presagio de noche tensa,
llena de oscuridad.

El amor se perdió... Sí,
la tristeza me invadió
en una inmensa penumbra.

Distancia en la soledad,
silencioso aislamiento
que devora un alma en pena.

Y el amor, ya se perdió...
Un lamento y un adiós
con tristeza de mi ser se apoderó.

La vida incierta acontece
gris cual atardecer,
presagio de un fin oscuro...

Aquel amor se perdió.

La agonía de un amor

Cuando estás enamorado
y en armonía lo vives,
disfrutas de esa gran dicha
y das tu vida por él.

Cuando se pierde ese amor,
cuando llegan días tristes,
la mente se queda en blanco
comenzando la agonía.

Se hundió la vida en sí misma,
se apagó la luz del alma,
y se vive en la penumbra
con desdicha, en la desidia.

Es tristeza y desencanto,
es vivir el alma en pena,
y es...
agonía de muerte...

Confidencias a la luna

Estoy mirando a la luna,
ya menguante palidece,
sin contarle alegrías,
solo penas y amarguras,
ella me escucha en silencio,
quizás pueda comprenderme,
o mi bien callada y atenta
recoge mi pensamiento.

Ay, mi luna misteriosa,
que mi dolor vas sintiendo
por ese amor que se pierde,
y entre sombras languidece
aquel fuego apasionado
que en ceniza se convierte.

Epitafio de un amor

Pensar que aquella felicidad del pasado
no va a regresar,
y aquel eco de amor de los montes
no resuena ya en mi oído...

Solo el silencio me aísla,
la ansiedad me sofoca,
tormento del pensamiento.

Aquel tiempo ya pasado...
recuerdo sutil en lejanía,
y cual llama que se apaga
sin la chispa que encendió,
aquel amor incandescente.

Ya en penumbra,
llega esa frialdad que recorre mi cuerpo,
en soledad...
en desconsuelo...

Y herido ya de muerte en la agonía,
con tenebroso final de aquel recuerdo,
en su sepulcro de cedro... yace inerte.

2.ª parte

Personales

Las palabras, con el transcurso de los años, se pierden; los poemas, recuerdos y sueños permanecen vivos hasta el fin de nuestras vidas.

Este poema lo escribió mi padre en 1967 para que yo lo recitara en los Escolapios de Gandía, donde yo cursaba mis estudios. Con el tiempo se borró de mi mente la mitad del poema (pérdida de memoria… alzhéimer.) Por lo que he añadido la parte final para completarlo, y cómo no, con este poema quiero honrar y plasmar el gran legado que mi padre me dejó. Él fue quien me inició en este mundo mágico de la poesía, escribiéndome mis primeras poesías para recitarlas en el Colegio de las Carmelitas de Oliva, cuando solo tenía ocho años.

Homenaje al maestro

Si yo describir pudiera
lo que un maestro es,
diría que allí en la escuela
mi segundo padre es...

Es persona trivalente,
es bondadosa y paciente,
cultivando inteligencia
en cerebros inocentes,
y con su quehacer consigue
enriquecer nuestras mentes
e ilustrarnos en saber,
conseguirnos porvenir
y dar prestigio a nuestras vidas...

Por eso va este homenaje,
a los maestros que enseñan
a los niños cuando empiezan,
que comienzan como un juego
mostrándoles un camino:
«El principio de aprender
y el comienzo del saber».

Escribo una poesía

Siento la lluvia caer
en la noche silenciosa,
que me inspira poesía
sin perder la entonación.

Si no escribo las palabras
que me dicta mi interior,
se pierden cuando me duermo,
y a la mañana siguiente
al despertar no recuerdo.

Quizás sean dos palabras,
quizás nazcan cuatro versos,
la rima me va llegando…

Ya me afloran las palabras,
hay armonía en los versos,
estrofas que se entremezclan.

Falta enlazar las palabras
conjugando bien los versos…

Es como una melodía
con notas de sinfonía.

¡Prosa en rima, rima en verso!
Ordenando las estrofas

y al final… ¡La poesía!
En cada poema nace
una pequeña ilusión
que aflora de mi pensar,
quizás breve o bien extenso,
para mí… ¡Un gran poema!

Cuando recito el poema
y con buena entonación
tengo gran satisfacción,
pues es… de mi creación.

Veleta del viento

Veleta del viento eres,
que giras cuando la brisa
sopla sin rumbo al azar.

Veleta del viento eres,
temblorosa e indecisa
sin fin y sin voluntad.

Veleta del viento eres,
silueta en el horizonte
indicando dirección.

Sin destino y sin final,
señora de campanarios
y forzada al invisible.

Siempre dispuesta en silencio
luchando contra el viento,
sin que te venza el más fuerte.

Siempre regia en las alturas
juguete del viento eres...
Eres... veleta del viento.

La noche de San Juan

Noche de magia y de sueños,
de meigas, de sortilegios,
noche de luz y de fuego,
la luna llena expectante...

Luz de luna que ilumina
las hogueras en la playa,
las hogueras flameantes
recogiendo los deseos.

Espera la medianoche,
salta tres veces las olas,
tres monedas lanza al mar,
tus deseos en el aire.

Mar de plata que recoge
los sueños de una ilusión.

Y el cielo como testigo
de la noche misteriosa,
es una noche embrujada,
es... la Noche de San Juan.

«De bien nacido es ser agradecido»

Cervantes por boca de Don Quijote dice en el capítulo XXII de la primera parte de su obra inmortal: «De gente bien nacida es agradecer los beneficios que reciben».

Por ello este poema quiero dedicarlo a esos ángeles sin alas que me ayudaron con su buen hacer y su gran saber a que mi enfermedad, las complicaciones y mis dolencias se resolvieran de una forma satisfactoria por ello:

Gracias:
doctor don Paco Devesa,
doctor don Jesús Aparisi,
doctor don Miguel Mínguez,
doctor don Juan Armengol,
al presidente de la Asociación ACCU
Valencia, don José Ramón García y
a su junta directiva por todo su gran
apoyo que me brindaron, y cómo no a
mi esposa, Rosa Mengual.

Este poema lo escribí después de pasar
un momento muy difícil en mi vida.

*Después de un error médico que me
indujo a realizarme tres operaciones,
y tras la primera con mala praxis, por
la que estuve dos meses debatiéndome
entre la vida y la muerte... ¡¡¡Volví a
nacer!!!, ya que los médicos no daban
por mí ninguna esperanza.
¿Voluntad de Dios?... ¿El destino?
¡¡¡El aferrarme a la vida por el apoyo
de mi familia!!!*

Adoración de los Reyes Magos
Eugenio Cajés, 1625
Óleo sobre lienzo, 195x100cm, nº catálogo P003180
Museo Nacional del Prado, Madrid, España

Oda a los reyes magos: «la ilusión de la vida»

Llegaron tres Reyes Magos
un 6 de enero hace años.
¡¡¡Repartieron ilusión
y mucha felicidad!!!
A los niños, sus regalos.
Dieron ilusión al pobre,
luz de vida, a los ancianos;
esperanza a mucha gente...

Pasa la noche de Reyes...
¡Todos tienen alegría!
¡Todos su ilusión colmada!
Se van yendo los tres Reyes
y en mí la añoranza aumenta,
pues se van sin acordarse
de la ilusión de mi sueño...

Melchor queda rezagado
y al mirar hacia atrás
ve mi rostro entristecido...
—¿Qué te pasa, hombre triste?
»¿Tu ilusión no se ha colmado?
»¿Qué quieres tú, niño grande?
»¿Qué se nos ha olvidado?
—No quiero oro ni mirra

ni incienso para quemar,
¡solo deseo mi sueño
con alma y con corazón!

Miró él en sus alforjas,
llamó a los otros dos Reyes,
les explicó, pues, mi sueño
y se encogieron de hombros,
ya que aquello que pedía,
los tres Reyes no llevaban.

Dieron, pues, la media vuelta
y se fueron pensativos,
cabizbajos, afligidos,
sin llegar a comprender
cómo olvidaron mi sueño.

Cuando ya se habían ido
y me sentía tan triste,
mi ilusión se vio colmada,
pues llegó lo más preciado…
Y no vino en forma de sueño.

¡¡¡Era pura realidad!!!
¡Qué bonito, qué ilusión!
¡Ver realidad mi sueño,
para mí lo inalcanzable!
¡Llegó cual fugaz estrella!

Y aturdido me pregunto:
«¿Es esto realidad?
¿O estoy dentro de otro sueño?».

Ya no es fugaz ni es un sueño
y me llena con su luz,
sueños, ilusión y vida...
¿Qué más puedo desear?

¡¡¡Ay, Dios mío!!!
Cuántas gracias he de darte,
pues al fin del sufrimiento
has colmado mi ilusión,
trajiste mi buena estrella.

Ese sueño realidad
volvió a darme nueva vida.
Gracias a los Reyes Magos
conseguí yo la ilusión
y dieron... vida a mi vida.

Estrella de Navidad

Hay una estrella fugaz
que atraviesa el firmamento
y anuncia la Navidad.

En el aire se respira…
En las calles… se percibe
y en cada hogar se prepara…

Espero que a nuestros corazones
nos llegue con alegría
la estrella de Navidad,
que nos traiga
la ilusión
con paz y gran armonía,
que nos colme en bendiciones
y nos dé… felicidad.

La ilusión ya nos invade,
¡¡¡pronto aparecen los sueños!!!

Vive con alegría
estos días entrañables,
es tiempo de comprensión
de amor y de entendimiento.

Que la estrella navideña
nos llene con mil y un sueños,
y que el año que nos llegue
nos conceda los deseos.

26 DE FEBRERO 2011

*Tres días de gloria para Oliva por la visita
de la Mare de Déu dels Desamparats,
la Virgen de los Desamaparados.*

¡¡¡Bienvenida sea
la nostra Maredeueta!!!

Por fin nos ha llegado.

Nuestra ciudad se engalana para recibir a la Virgen,
balcones que lucen sus colchas,
se espera con ansiedad…
Y todos con su fervor
dan un calor especial a este gran día en Oliva.

¡Increíble multitud!
Gente con ansiedad
espera con alegría.
Por fin,
como el sol radiante,
llega una aparición real
que es venerada por todos:
¡Nuestra Virgen ya está aquí!
Procesión y devoción,
aplausos y lágrimas de todos los feligreses
que buscan el encuentro
con Nuestra Señora de Gracia,
Virgen de la Bondad.

Todos allí reunidos,
los humildes, los devotos,
el clero y la autoridad
por la fuerza de la fe,

con un solemne respeto
por su preciosa ternura.

La devoción se respira
por doquier en la ciudad,
y en todos nuestros hogares…
¡Se vive felicidad!
¡¡Nuestra fe mueve montañas!!
¡¡¡Viva la Madre de Dios de todos los Desamparados!!!

Virgen de los Desamparados
José Vergara, 1770
Óleo sobre lienzo
Basílica de Valencia

Cristo abrazado a la cruz
El Greco, 1600-1605
Óleo sobre lienzo, 108x78 cm, nº catálogo P000822
Museo Nacional del Prado, Madrid, España.

Al nazareno

¡¡¡Por allá va el Nazareno
llevando la cruz a cuestas!!!,
en su cara se refleja
cl dolor y la agonía.

¡Ay, mi pobre Nazareno,
sufriste por ser tan justo!

Indignaste a fariseos
por decirles las verdades,
a romanos molestaste
por tu doctrina de amor,
sus leyes tú revocaste
por la injusticia que había.

Proclamabas ser honesto
y el amor entre las gentes,
y cometiste el pecado
de ser justo y generoso.

¡¡¡Por allá va el Nazareno
llevando la cruz a cuestas!!!

Te declararon culpable
y reo te condenaron,
fuiste profeta en la historia

y de ti bien se mofaron.
Miseria de la vergüenza
de quien quería tu muerte,
nadie te quiso ayudar,
nadie te dio su fervor.

Allí clavado en la cruz,
con el sudor de tu sangre,
tu corazón se paró,
el cielo se abrió con llanto
y la tierra estremeció.

Esta es parte de la historia,
con la muerte tan injusta
de Jesús de Nazaret,
que dio su vida por todos
para nuestra redención.

Felicitación de cumpleaños

Hoy cumples, querido amigo,
un año más en tu vida,
olvida aquellos tiempos
de nubes grises pasadas
y solo que en ti perdure
un cielo azul de recuerdos,
que en este tu nuevo día
solo cumplas muchos sueños
con dicha y felicidad.
Siempre que cumplas los años
no es un año ya pasado,
comienza un tiempo de nuevo
con futuro de esperanzas
y con muchas alegrías.

Hay poemas que te nacen por una idea, al contemplar un paisaje, al ver una película, alguien que te cuenta una historia... Este poema me nació desde lo más profundo de mi ser, espontáneo, creando un realismo poético, se fundamenta en una descripción de la historia de mi ciudad... Oliva.

Quiero con este poema rendir homenaje a Oliva, y sobre todo a todas aquellas personas que con su esfuerzo han conseguido aportar su grano de arena, creando a lo largo de nuestra historia esta maravillosa ciudad que es Oliva y que nosotros hemos recibido como herencia.

Oliva, 1850
Grabado cedido por el autor Sr. Enrique Bofí

Oliva es mi paraíso

Paraíso terrenal
para quien aquí nació,
tierra fértil de cultivos
que surgió dentro de un valle,
el valle de la Safor.

Entre el mar y la montaña
se creó nuestra ciudad,
que naciendo como aldea
en tiempo de los romanos,
conocida como Awraba
con la morisca invasión,
conquistada por un rey
don Jaime I fue,
se conoció como Oliva
y pasó a ser fortaleza.

Aquí se forjaron hombres
y mujeres con historia,
ilustres hombres de ciencias
y grandes sabios de las letras,
tierras de nobles, de condes,
aristócratas de un reino,
cuna de personajes
que aquí su huella dejaron.
Muchos unieron esfuerzos
junto a la gente de bien.

¡¡¡Todos su mano aportaron!!!
Y con su quehacer hicieron
esta ciudad que es Oliva.

Erguido en el horizonte
en la colina cercana,
el castillo de Santana
con su mirada hacia el mar
en sus tiempos fue un fortín.

Las iglesias con su historia
con sus cúpulas azules,
y las calles del rabal
encrucijada de un tiempo.

Sin olvidar nuestras fiestas,
en gran parte religiosas,
el Cristo de San Roque
patrón de los olivenses,
la Virgen del Rebollet
muy venerada por todos,
también la Semana Santa
con pasión y devoción.

Y las fiestas populares,
las Fallas, los Moros y Cristianos,
historia con tradición
el esplendor de las fiestas.
Con sus montes y sus ríos

y sus playas naturales,
contribuyen a crear
este precioso lugar
que es mi tierra natal.
Oliva es mi paraíso.

Fotografía cedida por Vicente Barreres

Enemigo invisible

Enemigo silencioso,
virus que acechas cobarde
y aterrorizas al mundo,
pandemia de nuestro siglo.

Ejército, policía,
médicos y sanitarios
con valientes voluntarios
todos luchan contra ti
defendiendo a los enfermos.

Pero tú, cobarde inmundo,
te escondes en lo invisible,
bicho cruel y malvado,
sin invitarte llegaste
y en silencio nos atacas,
por ti enferma la gente…
¡Llega la sombra y la muerte!

Pequeño pero temido,
creas penurias y caos,
te llevas a los ancianos
sin despedidas ni abrazos.

Eres un sueño nefasto,
maldito ser repugnante,
espero pronto que venzan

la ciencia y sabiduría,
y podamos despertar
de ese mal sueño vivido.

Es, pues, ahora el momento
que el mundo esté bien unido,
para ganar la batalla
y vencer al más temido.

Enemigo silencioso
que, sin pronunciar su nombre,
por todos... es conocido.

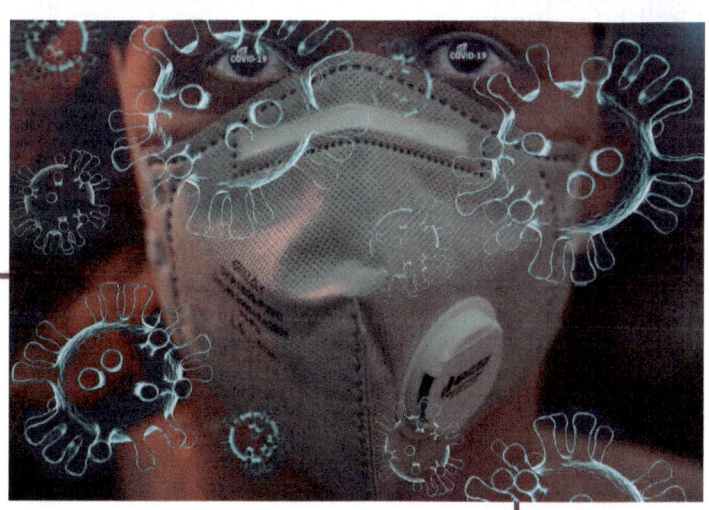

El silencio

Qué tardes las tardes mías
cuando todo está tan quieto,
no me va a mover el viento
la intimidad del silencio,
porque si un pájaro canta
su voz se queda dormida.

La paz que llena mi alma
por escuchar el silencio
se levanta, me adormece
y me deja en armonía.

Qué tardes las tardes mías
cuando todo está tan quieto
que me absorben y me aíslan
donde el sosiego… es delirio
y el silencio… es hermosura.

A mi sobrina Maricarmen

Un 29 de junio del año 2024
mi sobrina se ha casado,
ejemplo de juventud
independiente y audaz,
inquieta buscando estrellas,
temperamento y constancia
de admirable valentía
que con tu esfuerzo has forjado,
sobresaliente en tus metas.
Te llega una nueva etapa
y un camino por delante,
un gran sueño que despierta
la alegría de vivir.
Y aquí llegan mis deseos
llenos de sinceridad:
que tengas luz y sosiego,
siempre vive en alegría y mucha felicidad
con esa tierna sonrisa
que realza tu belleza
y tu corazón agranda,
guarda esa tierna dulzura
armonía y simpatía
y que en ti siempre perdure
esa, tu tierna sonrisa.

El Gordo y el Flaco
Imagen cedida por el autor Federico Romaguera, 2005
Tinta china

Acertijo

Palabra de siete letras,
en principio, es un abstracto,
llena de expresión cualquier mirada,
hace que el corazón palpite
y las pupilas se dilaten.

Recuerdos que en la mente afloran
y que el rostro iluminan,
embellece la sonrisa,
tan solo es... palabra abstracta.

Sin ella, nuestra vida
se empobrece en la nostalgia.

Palabra de siete letras,
que da belleza a la vida.

Título de este poema:
ALEGRÍA

¡¡¡Viva la fiesta fallera!!!

Ya nos llegan las Fallas
en honor a san José,
con orgullo valenciano.

Los falleros y las falleras
con los corazones llenos de alegría,
son el alma de la fiesta.

Grandes monumentos de cartón
toman la vida en las calles
de toda Valencia a pleno.

Es un conjunto explosivo
de elegancia y crítica socarrona,
los *ninots* y el colorido
una alegría de fiesta,
y las fallas colosales
engalanan a Valencia.

Por otro lado: la fiesta,
la música, la alegría,
los falleros y falleras
ataviados y vestidos
con sus mejores galas
para la emoción de l'Ofrena
por nuestra Mare de Déu.

Los cohetes, la luz, el fuego
y la Nit de la Cremà
hacen el conjunto de la fiesta,
que es el principio y el fin
de la fiesta de las Fallas.

Que es el orgullo de los valencianos…
Y es… la gran fiesta fallera.

El tiempo ya pasó por nuestras vidas

El tiempo pasa tan deprisa
que es imposible detenerlo,
los días transcurren cual segundos.

Tic… tac… Tic… tac…

Nuestra piel tersa y brillante en un tiempo,
se agrieta con surcos de la historia
dejando su huella en nuestro cuerpo.

Fuimos luceros de una época,
y ya marionetas sin aliento
narramos nuestros hechos como un cuento.

Pasó aquel tren de nuestras vidas,
testigo fue del tiempo, nuestro cielo,
sin inmutarse de lo vivido.

Sin tiempo de poder recuperarlo,
de pedir perdón por el pasado,
sin tiempo de volar en algún sueño.

Tic… tac… Tic… tac…

Sin un adiós,
el tiempo ya pasó…
quedó el silencio.

Mi guitarra

Seis cuerdas tiene el alma
de mi guitarra querida,
cada alma con su tono,
cada tono… una emoción.

Entre mis brazos te acoplas
siendo tu juego mis manos,
que con gozo vas sonando.

Amiga de sentimientos,
tu melodía es mi canto,
ríes cuando yo río
y mi dolor es tu llanto.

Ay, mi guitarra querida,
compañera de mis sueños,
tus notas son mi consuelo
y me estremeces… en rimas.

Pancho, mi fiel compañero
† 12.03.2022

Amigo de mis andanzas,
gran compañero entrañable,
mirándome comprendías
aquello que te pedía…
Sin palabras me entendías.

Contigo he compartido
quince años de vivencias,
frío y calor sofocante,
lluvia y algún contratiempo,
pero muchas alegrías.

Mi guía de campo fuiste,
pateaste monte y llano,
excelente nadador,
cazador con buen olfato,
siempre con nariz arriba,
buscador de rastro fresco,
guardián y buen vigilante.

Cabezota con coraje.
¡Ay, mi Pancho, amigo mío!
Cuánto te echaré de menos,
todo son bellos recuerdos,
y ya en la añoranza tuya

lloro con mucho pesar,
por ese amigo perdido.
¡Siempre mi fiel compañero!

Insomnio

Qué largas son esas noches
que la inquietud te desvela,
entra el insomnio maldito
sin poderte relajar,
ni contando mil estrellas
ni cien ovejas en mente.

Si intentas cerrar los ojos,
los fantasmas se despiertan,
y sin ese dulce sueño,
anhelo, de cualquier noche.

Tu mente vaga pensando
sin ver el final que espera,
y darle punto y final
a ese mal sueño vivido.

A mi primo Seol
✝ 01.02.2019

Querido primo,
estas palabras que voy a dedicarte,
son porque quiero despedirte
con los honores que te mereces.

Todos te hemos conocido
como una gran persona,
reservado, inteligente, emprendedor,
bohemio y alegre,
una buena persona sin maldad,
que a pesar de las enfermedades
has sabido vivir la vida con alegría.

Fuerte de carácter,
popular y querido por todos,
y sobre todo por mí.

Siempre que nos veíamos
o nos llamábamos por teléfono,
nuestras primeras palabras eran:
«Hola, primo»…
y a los dos se nos abría el corazón,
uniéndonos en ese afecto mutuo
que siempre compartimos.

De linaje conocido por el Seol,
de mucha historia y tradición,
arraigado de niño en el marjal
en la casita del Plà,
creciendo con esa raíz
sin despegarte de tus aficiones,
siempre defensor de los tuyos,
de la familia.

El destino muchas veces es incierto,
inexplicable e injusto.

Hermanas, hijos, primos, sobrinos,
familiares y amigos:
«Siempre estarás entre nosotros
y nunca te olvidaremos.
Descansa en paz».

Para todos los mandos, oficiales, suboficiales
y agentes que formáis esa gran institución
que es la Guardia Civil.

La benemérita

Significado emotivo,
tradición con honradez
que a pulso os habéis ganado.

Valor, honor, todo patria,
emblema de haz y espada,
fuerza, unidad y orden.

Os dignifica el gran nombre
que tenéis bien merecido,
muchos logros, gran labor,
arriesgando vuestras vidas
por encima del deber.

Vuestro lema: «La justicia
junto al orden y la ley».

Porque somos españoles
y sentirnos protegidos
por vuestro esfuerzo y trabajo,

rendiros nuestro homenaje
a toda la institución,
y por ello aclamamos:
«¡¡¡Viva la Guardia Civil!!!».

Insigna civil de la Guardia Civil.

El nueve de octubre, nuestra fiesta

Bajo un cielo azul y un sol de oro,
Valencia guarda un tesoro.
Hoy celebramos una fiesta
de historia y gran tradición.

Un 9 de octubre llegó
un Rey victorioso en batalla.
El Rey Don Jaime fue,
aquel guerrero valiente
que reconquistó Valencia,
allá por el siglo XIII.

Un eco antiguo, grito de victoria,
forjó el Reino de Valencia,
entre huertas verdes y mar azul
nació Valencia con corazón de fuego.

Murallas alzadas,
recuerdos antiguos,
el grito resuena,
la señera en el cielo,
el alma truena.

Amor de hermandad,
memoria viva,
semillas de historia
que nunca se borran.

Y en fiesta unida,
la gente proclama:
TODOS A UNA VOZ
¡VISCA VALÈNCIA!

NUESTRA FIESTA, *9 D'OCTUBRE.*

3.ª parte

NATURALEZA
Y
PAISAJES

Galopa una bella dama

Cabalga una amazona
con destreza y elegancia
sobre un hermoso corcel
negro como el azabache.

¡¡¡Es reina de las praderas,
es la dama de los bosques!!!

Vuela sobre su corcel,
suelta rienda a su rocín,
¡galopa con alegría!,
a su paso por los prados
todas las flores se giran
por contemplar su hermosura,
y en los bosques, los gigantes
le hacen la reverencia.

Vuela la amazona, vuela
llena de gracia y de estilo,
cabalga una bella dama,
vuela su pelo dorado
con una alegre sonrisa
y hasta los pájaros cantan
al ver pasar a su dama.

Vibran la tierra y el cielo
al ver galopar la dama.

¡¡¡Es reina de las praderas,
es la dama de los bosques!!!
¡Vuela la amazona, vuela…!
¡Galopa alegre una dama!

Retrato ecuestre Mariana de Austria, Reina regente de España
Sebastián Herrera, 1668-1671
Lapiz negro, 422x283 cm, n° catálogo D005985
Museo Nacional del Prado, Madrid, España

Marinero audaz

Sale de un puerto un marino
con su velero a la mar,
calmada y tranquila está
y navega proa al viento.

Pronto surge un temporal
con viento y olas de frente,
el viento, la mar… arrecian
y su velero peligra.

Escuchó una voz amiga
que de su interior manaba,
era su subconsciente,
quien a él le aconsejaba:

—¡¡¡Surca el mar, buen marinero,
ni la tempestad ni el viento
podrán con tu gran valía,
eres valiente y audaz!!!
»¡¡¡Larga las velas al viento
surcando sobre las olas
y aunque el mar bravío y fuerte,
capea el mar, marinero!!!
¡¡¡Que no te aborden las olas
ni tampoco el vendaval,
no les temas, marinero,

y capea el temporal!!!
»¡¡¡Vuela cual ágil gaviota
sobre las olas del mar!!!

El marinero valiente grita a su timonel:
—¡¡¡Popa al viento, timonel,
rumbo al sur nos dirigimos
así cede el vendaval!!!
»¡¡¡Popa al viento, timonel,
que el mar queda a sotavento
y no podrá vencernos!!!

Proa al sur nos dirigimos,
donde el temporal calma
y el viento se tranquiliza,
allí, mengua su gran furia,
allí, se calma la mar…

Proa al sur y a toda vela
cruza un mar arbolado,
siendo las velas sus alas
para volar sobre el mar.

Después de su travesía
con muchas adversidades,
su velero ha sido fuerte
capeando el temporal.

Marinero y timonel
llegan a un puerto del sur,
donde el mar es su aliado
y el viento es brisa del mar.

Puerto de Vathi, Ítaca, Grecia
Foto cedida por Vicenta Chova

Amanecer

El amanecer ya llega
con calma y con armonía,
los grillos guardan silencio,
el búho ya se adormece
y la niebla se retira.

Pronto aparece la luz,
el mirlo muy tempranero
entona su trino risueño.

Se vislumbra el tibio sol,
la escarcha se funde en agua,
tinta al rocío de oro.

La pradera resplandece
con su luz llena de vida
todo rincón que ilumina.

El resplandor es la luz,
y la luz es esperanza
que da la luz a la vida.

Las cuatro estaciones

Vivimos en un planeta
lleno de diversidad,
la naturaleza cambia
variando en las estaciones.

Con flores en primavera,
viento fresco y perfumado,
prados verdes y frondosos,
sensaciones de colores.

Mas cuando el verano comienza,
el sol tórrido agobiante,
la tierra se resquebraja,
brillan los campos dorados.

Con el otoño que llega,
los árboles palidecen,
los rastrojos en los campos
de plata se han convertido.

Las noches ya van creciendo,
el invierno da comienzo,
la tierra se va enfriando
con escarchas y con nieve.

Cuatro son las estaciones
de tres meses cada una,

que transforman nuestro mundo
y van cambiando la vida,
todo bajo el mismo cielo,
testigo de nuestras vidas.

Francisco de Goya, óleo sobre lienzo
Museo del Prado, Madrid, España
El verano, 1786 (277 x 642 cm), nº catálogo P 000794
El otoño, 1786 (267,5 x 190,5 cm), nº catálogo P 000795
La primavera, 1786 (277 x 192 cm), nº catálogo P 000793
El invierno, 1786 (275 x 293 cm), nº catálogo P 000798

Ya llegó la primavera

Brilla el azul en el cielo
llegan la luz y la vida,
con color, con armonía,
¡¡¡ya llegó la primavera!!!

Hay alegría en los campos,
los pájaros con sus trinos,
los animales despiertan
de su letargo invernal.

El monte con manto verde
huele a tomillo y a brezo,
los campos llenos de flores
adornan prados y valles.

El rojo de la amapola
da la vida a las estepas,
en los campos de naranjos
se embriaga el aire de azahar.

El mar recoge la luz,
los peces surgen del fondo
saltando en la superficie,
quieren ver el cielo azul.

Los pintores la reflejan
en sus lienzos con luz propia,
los músicos le dedican
su alegría en partituras,
los versos salen vivaces
de poetas soñadores.

¿Qué pasa que todo cambia?
¿Cielo, tierra, mar y aire?
¡¡¡Pues, llegó la primavera
llena de color y vida!!!

Primavera

Ya llega la primavera
con su encanto,
con sus flores, con su luz,
llena de mil colores,
con sus noches estrelladas
cargadas con mil y un sueño.

En especial para ti,
ábrele tu corazón,
dale la bienvenida
con ilusión y alegría,
que en ti consiga los sueños
que te llenen de emoción
y mucha satisfacción.

Pues la primavera llega
para encender tu sonrisa
y llenarte de ilusión.

Verano

El reloj marca las doce,
el sol ciega mis pupilas
casi apenas entreabiertas.

En los llanos de Castilla
en sus campos de trigales,
las espigas se requiebran.

Los girasoles se encorvan
con su mirada hacia el suelo
huyendo del gran lucero.

El arroyo saltarín
perdió su canto risueño,
ya no es feliz ni bravío.

Es… verano caluroso.

Las charcas ya se han secado,
fango duro y agrietado,
espejismo en la llanura,
el polvo rojo de tierra
se levanta en espirales,
las praderas color paja,
brilla el oro en los campos.

Es… verano caluroso,
es… estío sofocante.

Otoño

Oigo el silbido del viento
cual violín que resuena
allá en la lejanía
que me llena de empatía.

Después de tórridos días
que yerma dejó la tierra,
cúmulos blancos del cielo
marcan cambios en el tiempo.

Los días ya son más cortos,
los árboles se desnudan,
lluvia de pálidas hojas,
marionetas son del viento.

El monte se colorea
de un púrpura dorado,
en la llanura se alargan
las sombras de los gigantes.

La noche va refrescando
con luna regia que alumbra
siluetas difuminadas
que entre sombras se perciben.

Hay colorido cambiante
palidez en los rastrojos,
huele a la alfalfa y al heno
que en fajas se han recogido.

Las setas semiescondidas
como casitas de duendes,
aparecen sigilosas
levantando la hojarasca.

Es el octubre cambiante
de la estación del otoño.

Invierno

El invierno crudo y frío
llega con un cielo gris,
noches largas, silenciosas.

Viento que del norte arrecia
con un mar que se enfurece
de olas embravecidas.

Un manto blanco recubre
las cimas en las montañas,
niebla densa en la llanura.

El sol solo nos alumbra
sin calor y en la lejanía
pierde su brillo dorado.

La tierra que se endurece
yerma y árida aparece
con escarchas mañaneras.

Chimeneas humeantes
en las casas de los pueblos
por llares flameantes.

Los árboles aparecen
como esqueletos durmientes
desprovistos de follaje.

Frío… Viento… Gris de cielo
que viste color oscuro
aunque lleva… Capa blanca.

Bajo el mar

Al sumergirme en el mar,
un nuevo mundo aparece
repleto de sensaciones.

El azul se difumina,
el silencio me acompaña
y la vida se descubre.

Es la viva fantasía,
pues vuelo en el gran azul,
mis sentidos se emocionan.

Bajo hacia el fondo del mar,
las algas serpenteantes
bailan al son de la mar.

Los peces con mil colores,
con sus juegos malabares
nadan contra la corriente.

En el fondo, las estrellas
con su color rojo fuego
caminan muy lentamente.

Los cangrejos centinelas
con sus pinzas bien armados,
guardianes del territorio.

Y los pulpos camuflados
entre piedras cobijados,
cazadores de ocho brazos.

Qué precioso es este mundo
donde reina la belleza
y el mar azul se descubre.

La noche estrellada
Van Gogh,1889
Óleo sobre lienzo, 73,7 x 92,1 cm
Museo de Arte Moderno de Nueva York

Noche de estrellas

Es incierto descubrirlas,
mágico al cruzarse en la mirada,
sueño de fantasías,
aparece un mar de estrellas.

Estrellas fugaces
en mis sueños se descubren,
espectador de ese cielo
que mis ojos iluminan.

Brillan por doquier
en la oscuridad del cielo
luciérnagas celestes que vuelan,
la imaginación crece.

En la inmensidad de la noche
magia con fantasía.
Noche de mil estrellas…
que mis sueños iluminan.

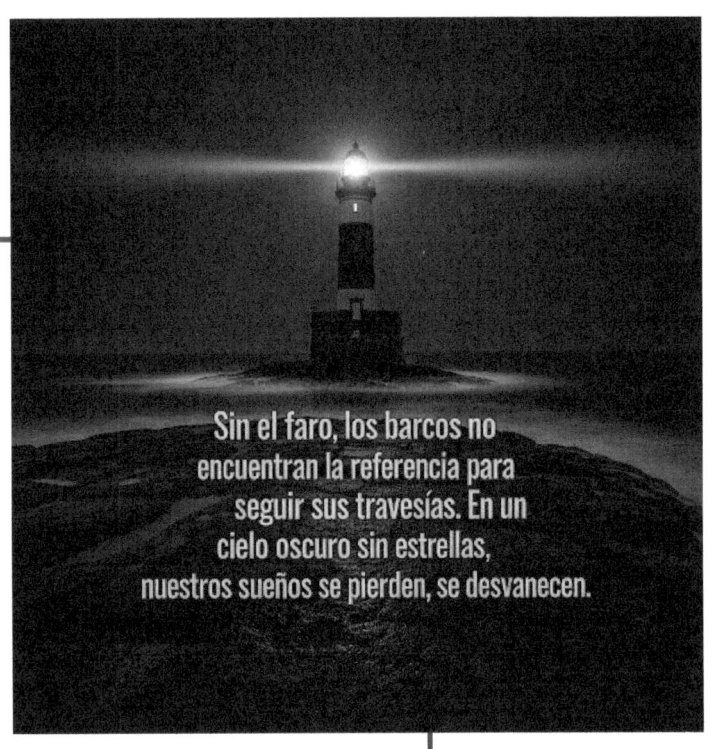

Sin el faro, los barcos no encuentran la referencia para seguir sus travesías. En un cielo oscuro sin estrellas, nuestros sueños se pierden, se desvanecen.

Noche sin estrellas

Hay estrellas en el cielo
que con luz destellante
iluminan los senderos
de encrucijados destinos.

Ay, de ti, mi cielo oscuro,
que absorbes mis pensamientos.

Sin luciérnagas celestes
y sin ti, luna de sueños,
se pierden nuestros caminos...
Mis sueños, se desvanecen.

¿¿¿Qué sería nuestro mundo
de ese cielo sin estrellas???

Solo sería la noche,
noche cerrada y oscura
sin ilusión y sin sueños.

Pues la vida sin los sueños
ningún sentido tendría.

Una historia de caza

Un cazador al acecho,
intranquilo, muy paciente
en su puesto camuflado
a la espera permanece.

Y la espera…
es un suspense.

Noche muy estrellada
con luz de luna iluminada,
sopla el viento,
¡riza el agua del gran lago!
Los cimbeles colocados…

Tres cuerpos casi celestes
cruzan bajo la luna,
sus siluetas en el cielo
y sus sombras sobre el agua
son patos muy cautelosos.

Pronto titubeantes
se posan en el gran lago
lejos del cazador,
astuto y bien camuflado.

Y la espera…
es un suspense.

Dudan de la dirección,
el cazador con silbidos
imita su canto calmado,
los cimbeles les atraen.

Y la espera…
es un suspense.

Tres patos con gran sigilo
nadan bajo la luna.

La distancia que ya acortan
del cazador impaciente
su respiración contiene,
su corazón se acelera,
es un tambor sin sonido
que solo a él le ensordece,
pronto aumenta la tensión,
los nervios a flor de piel
y sus dudas en el aire.

Y la espera…
es un suspense.

Los patos, muy recelosos,
hay algo que les alerta

y pronto su vuelo alzan,
camuflados por la noche
son fantasmas invisibles
que abandonan el gran lago
burlando así al cazador,
en su puesto camuflado
que tan paciente esperaba.

Y aquí termina mi historia,
que es:
«Una historia de caza».

El mar

Qué pequeños somos frente al mar,
esa inmensidad que al alma hace temblar,
verde esmeralda, azul sin final,
un lienzo de agua, misterio vital.

Sus olas murmuran, suaves, serenas,
con su arrullo calman todas nuestras penas…
Otras veces, braman con furia y poder,
como música viva que nos hace estremecer.

Albinoni suena, el Adagio resuena,
y el mar se convierte en partitura plena.
¡Qué belleza tan singular!...
¡Montañas de agua que saben cantar!

Aromas de yodo, de sal, o de algas,
perfuman el aire, despiertan las almas.
Cada orilla, un mundo distinto,
arenas doradas, rocas al viento,
acantilados de un tiempo.

El canto del mar, siempre cambiante,
nos hechiza como sirenas vibrantes.
Ulises lo oyó, valiente y audaz,
y como él, caemos en su dulce paz.

Cada instante, el mar se transforma,
según la luz o el viento que sopla,
y al mirarlo, el alma se arropa.

¿Es finito el mar? Sí, sin duda lo es,
pero en su vaivén, su eterno latido,
el mar se convierte en un mundo infinito.

Playa de Oliva
Fotografía cedida por Rosa Verdú Barreres

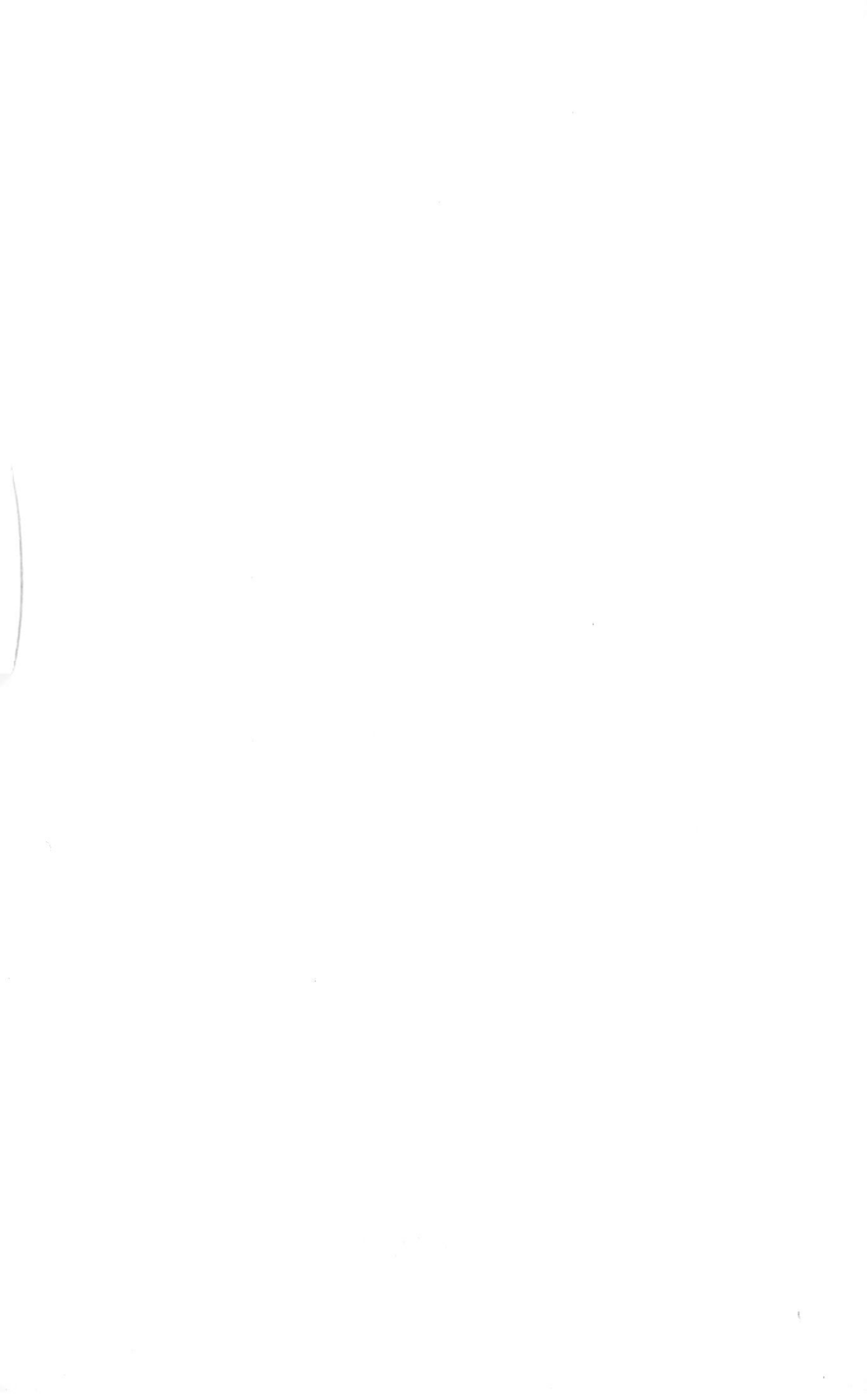